Bernd Flessner

Peter Schilling

Stefan Lohr

Der kleine Major Tom

Die Wüste lebt

Weitere Abenteuer sind in Vorbereitung!

Bernd Flessner

Peter Schilling

Stefan Lohr

Die Wüste lebt

In Zusammenarbeit mit

DLR Deutsches Zentrum für Luft- und Raumfahrt

Ein besonderer Dank geht an

Herrn Dr. Volker Kratzenberg-Annies

für die fachliche Beratung seitens des DLR

TESSLOFF

FSC
www.fsc.org
MIX
Papier aus verantwortungsvollen Quellen
FSC® C108521

1. Auflage 2021

Burgschmietstraße 2-4, 90419 Nürnberg

Text: Bernd Flessner
Cover- und Innenillustrationen: Stefan Lohr
Idee/Mitwirkung: Peter Schilling
Lizenz: MajorTon Entertainment KG
Major Tom und *Völlig losgelöst* sind Marken
der MajorTon Entertainment KG
Grafisches Konzept: Barbara Heinlein, Gestaltung: Uwe Herrlen
Lektorat: Anja Kunze
Redaktion: Silke Neubert

www.tessloff.com

ISBN: 978-3-7886-4013-2

Dieses Buch entstand in Zusammenarbeit mit dem
Deutschen Zentrum für Luft- und Raumfahrt (DLR),
das den Text auf fachliche Richtigkeit geprüft hat.

DLR Deutsches Zentrum für Luft- und Raumfahrt

Inhalt

Wie alles begann

Der kleine Major Tom lebt zusammen mit seinem Vater, dem großen Major Tom, auf der Raumstation Space Camp 1. Seine Mutter arbeitet auch für die Weltraumagentur, ist aber nicht mit auf der Raumstation.
Stella ist seine beste Freundin und ebenfalls an Bord. Ihre Eltern sind bei der Bodenkontrolle beschäftigt. Plutinchen ist eine Roboterkatze und die treue Gefährtin von Tom und Stella. Gemeinsam erforschen sie das Weltall, beobachten die Erde und züchten Pflanzen an Bord der Raumstation. Eines Tages muss der große Major Tom unerwartet zum Mars fliegen und dort mithelfen, die Marsstation weiter aufzubauen.

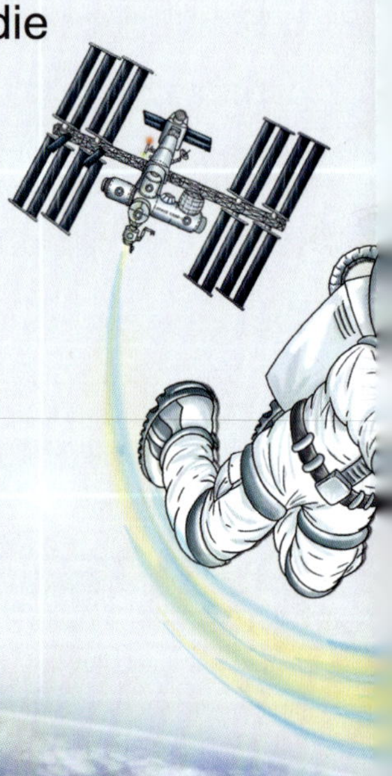

Tom, Stella und Plutinchen bleiben in der Raumstation zurück und sind nun ganz auf sich alleine gestellt.
Doch auch ohne ihre Eltern sind sie erfolgreiche und begeisterte Forscher. Gemeinsam meistern sie den Alltag auf der Raumstation, lösen Probleme und genießen zwischendurch den Ausblick auf ihren Heimatplaneten Erde. Auf den verschiedenen Missionen erleben sie ein Abenteuer nach dem anderen und lernen immer wieder Erstaunliches und Interessantes über die Erde und das Weltall. Dabei helfen sie sich gegenseitig und geben auch in brenzligen Situationen niemals auf.

Wo sind Jules und Michel?

Auf dem Flur wurde es laut.
„Was ist da denn los?“,
wunderte sich Tom.
„Da stimmt etwas nicht!“,
stellte Stella fest. „Weißt
du etwas, Plutinchen?“
„Ich frage gerade
den Hauptcomputer“,
antwortete die Roboterkatze.
„Und was sagt der Computer?“, fragte Stella.
„Jules und Michel werden vermisst“, meinte die Roboterkatze, während sie durch den Gang liefen.
„Wer sind Jules und Michel?“, fragte Tom.
„Das konnte ich noch nicht ermitteln“, antwortete Plutinchen. „Ein paar Chips scheinen überlastet zu sein.“
„Jules und Michel? Ich glaube, der ganze Rechner ist überlastet“, spottete Tom.

Tom, Stella und Plutinchen erreichten das Labor für Klimaforschung, das sich auf dem Gelände der Bodenstation befand. Dort hielten sie sich schon einige Tage auf, denn wieder einmal musste ihr Space Racer überholt werden. Eine Steuerdüse arbeitete nicht einwandfrei und das Fahrwerk benötigte neue Reifen. Genügend Zeit also, um Eis zu essen und im nahe liegenden Wald zu wandern. Sonst war es ruhig auf der Bodenstation. Nur ab und zu begegneten sie Forschern. An diesem Tag aber herrschte große Aufregung. Auf dem breiten Flur hatten es die Forscher und Ingenieure eilig. Alle hatten nur ein Ziel: das große Klimalabor. Auch Stellas Eltern waren bereits eingetroffen.

„Was ist passiert?“, fragte Stella ihre Mutter.

„Jules und Michel sind verschwunden“, lautete die Antwort.

„Was habe ich euch gesagt“, schnurrte Plutinchen.

„Wer sind Jules und Michel?“, fragte Tom.

„Bestimmt Kinder in unserem Alter, die sich irgendwo verlaufen haben“, vermutete Stella besorgt.

„Nein, nein“, lächelte ihre Mutter. „Es sind zwei

Forschungsdrohnen. Wir haben sie nach dem Schriftsteller Jules Verne und seinem Sohn Michel benannt. Für einen Roman haben sie vor rund 150 Jahren die Drohnen erfunden. Die Vernes haben ihre Drohnen damals übrigens Wespen genannt."

„Verstehe", sagte Stella. „Dann bin ich erleichtert. Es sind keine Kinder."

„Das nicht", erklärte ihre Mutter, während um sie herum zahlreiche Forscher vor großen Monitoren saßen und auf Knöpfe drückten. Andere gingen aufgeregt hin und her. Viele hatten Headsets auf und sprachen mit ihren Kollegen. „Aber es sind zwei neuartige und sehr teure Drohnen, die extra gebaut worden sind, um Wüsten zu erforschen. Die Ergebnisse und Daten sollen uns helfen, die Erderwärmung besser zu verstehen."

„Aber Drohnen kann man doch mithilfe von Satelliten orten?", meinte Tom.

„Eigentlich schon", antwortete Stellas Vater, der die beiden Drohnen mitentwickelt hatte. „Doch genau das funktioniert leider nicht. Wir wissen, dass sie in einen Sandsturm geraten sind. In diesem Fall landen

die Drohnen automatisch. Wahrscheinlich wurden sie von Sand bedeckt. Von zu viel Sand. Jedenfalls haben wir den Funkkontakt zu ihnen verloren."
„Dann schickt doch einen Hubschrauber in die Wüste", schlug Stella vor.
„Für einen Hubschrauber ist die Strecke zu weit und alle anderen Maschinen sind im Einsatz oder in der Wartungshalle", antwortete Stellas Vater.
„Wir könnten doch fliegen", schlug Tom vor. „Der Space Racer ist bestimmt bald fertig."
„Das schon, aber er kann nicht über der Wüste in geringer Höhe schweben. Er würde viel zu viel Sand aufwirbeln", entgegnete Stellas Mutter. „Außerdem könnten die Abgase des Antriebs die Messdaten der Drohnen verfälschen."
„Da fällt mir ein, wir haben doch das neue Airship Solar 1 im großen Hangar", fiel plötzlich Stellas Vater ein. „Es ist vor ein paar Tagen eingetroffen. Wir sollen es testen."
„Airship Solar 1?", wiederholte Tom neugierig. „Was ist das?"
„Ein kleines Luftschiff", antwortete Stellas Mutter.

„Das Besondere sind der elektrische Antrieb und die Hülle, auf der sich hauchdünne Solarzellen befinden, die tagsüber die Akkus aufladen. Da es ohne Abgase fährt, ist es besonders klimafreundlich und leise noch dazu."

„Orbital!", staunte Tom. „Das nehmen wir! Wann können wir starten?"

„Au ja!", strahlte Stella. „Wir suchen die Drohnen!"

Stellas Eltern sahen sich an. Auch einige der Forscher waren stehen geblieben und schauten nachdenklich auf Tom und Stella.

„Eigentlich gar keine schlechte Idee", meinte Stellas Vater schließlich, worauf die anderen Forscherinnen und Forscher zustimmend nickten. „Wir können hier weiterarbeiten und ihr könnt gleichzeitig das neue Luftschiff testen. Was meint ihr?"

„Fantastisch!", rief Stella. „Wir gehen sofort zum Luftschiff und lassen uns alles erklären."

„Wann können wir starten?", wiederholte Tom seine Frage.

„Morgen müsste das Luftschiff startklar sein", antwortete Stellas Vater. „Ich rufe gleich mal im Hangar an."

„Ihr würdet uns wirklich sehr damit helfen“, erklärte Stellas Mutter. „Natürlich setzen wir unsere Suche fort, aber ich glaube, eure Chancen sind weitaus höher, die Drohnen zu finden.“
„Los! Zum Luftschiff!“, rief Stella und drängelte sich durch die vielen Forscherinnen und Forscher, die sich inzwischen um die Kinder versammelt hatten. Tom und Plutinchen folgten ihr. Den Weg zum Hangar kannten sie natürlich, da dort ihr Space Racer schon oft gestanden hatte.

Da die Bodenstation groß war und auch Forschungseinrichtungen beherbergte, brauchten sie ein paar Minuten, um den Hangar zu erreichen. Dort machten sie große Augen.
„Ach, du dickes Mondkalb!“, staunte Stella. „Das ist ja ein tolles Teil!“
„Wie früher die Zeppeline!“, meinte Tom. „Orbital!“
„Ein modernes Luftschiff“, stellte Plutinchen nüchtern und sachlich fest. „Es sieht gut konstruiert aus und müsste für unsere Zwecke reichen.“

Das Airship Solar 1 war natürlich nicht ganz so groß wie einst die riesigen Zeppeline. Und seine Hülle war nicht mit dem leicht brennbaren Wasserstoff gefüllt, sondern mit dem unbrennbaren Edelgas Helium. Mit den alten Zeppelinen hatte es gemein, dass es ein starres Luftschiff war, also die Hülle von einem Skelett aus dünnen, leichten Streben getragen wurde. Im Inneren befanden sich mehrere Zellen für das Helium. Unter der Hülle hing eine Gondel für den Kapitän und die Passagiere.

„Für wie viele Personen ist die gedacht?", fragte Tom eine Frau vom Bodenpersonal.
„Für sechs Personen", antwortete sie.
„Dann haben wir ja richtig Platz", freute sich Stella.
Rechts und links waren am Schiff zwei kleine, schwenkbare Gondeln für die Elektromotoren angebracht.
„Wir betanken das Luftschiff jetzt", erklärte die Frau vom Bodenpersonal.
„Ich dachte, wir fliegen elektrisch?", wunderte sich Stella.
„Das schon. Aber ihr braucht eine Menge Wasser, wenn ihr in die Wüste fliegt", lachte die Frau. „Neben Sand dient das Wasser auch als Ballast, den man im Notfall ablassen kann, wenn man dringend Auftrieb benötigt."
Tom, Stella und Plutinchen umrundeten staunend das Luftschiff und beobachteten, wie Lebensmittelvorräte und Ausrüstungsgegenstände an Bord gebracht wurden.
„Ich kann es gar nicht abwarten", sagte Tom. „Ich bin ja schon eine Menge Maschinen geflogen,

Raumschiffe, Flugzeuge und Hubschrauber. Aber noch kein Luftschiff."
„Auch die neuen Luftschiffe fliegt man", ergänzte Plutinchen. „Bei den alten Zeppelinen hat man gesagt, dass sie fahren, denn ein Luftfahrzeug, das leichter als Luft ist, fährt durch die Luft. Es fliegt also nicht. Die neuen Luftschiffe aber brauchen den Antrieb ihrer Motoren, um Höhe zu gewinnen."
„Interessant", meinte Tom. „Auch Ballone schweben in der Luft, aber da sagt man Ballon fahren, weil sie mit sehr leichten Gasen oder heißer Luft gefüllt sind. Sie brauchen keine Flügel und starke Antriebsmotoren."
„Na, wann geht es los?", fragte die Frau von der Bodenstation. „Wann fliegt ihr?"
„Morgen früh geht's los!", entgegnete Tom. „Nachdem wir eine Einweisung erhalten haben. Wir müssen ja wissen, was die Instrumente bedeuten und wie man so ein Luftschiff steuert."

Die Entdeckung der Langsamkeit

Am nächsten Morgen wurde das Luftschiff von zwei kleinen Elektroschleppern aus dem Hangar gezogen. Es schwebte nur etwa einen Meter über dem Boden. Tom saß im Cockpit und lenkte das Schiff mit einem Joystick. Stella behielt das große Display im Auge und las die Anzeigen ab. Alles wirkte vertraut und war doch ganz anders als an Bord des Space Racers. Kaum schwebte das Luftschiff im Freien, luden die Solarzellen auf der Hülle auch schon die Akkus auf. Es wehte kaum Wind. Nach einem kurzen Check waren Tom, Stella und Plutinchen startklar. Die beiden Schleppfahrzeuge gaben das Luftschiff frei.

„Airship Solar 1 überprüft", meldete sich Tom per Funk.

„Startfreigabe erteilt", ertönte eine Stimme aus dem Kontrollturm der Bodenstation. „Gute Fahrt und viel Erfolg. Glück ab!"

„Glück ab?", fragte Tom und sah Plutinchen an. „Was soll denn das?"

„Das ist der Gruß der Luftschiffer und Ballonfahrer", antwortete die Roboterkatze.

„Glück ab?", wiederholte Tom.

„Glück ab!", betonte Plutinchen. „Also Glück für die Landung. Die kann nämlich gefährlich werden."

„Jetzt wollen wir aber erst einmal starten", sagte Stella. „Welchen Kurs?"

„Wir gehen auf Westkurs. Ich übermittle die Angaben zum letzten Standort der Drohnen, bevor die Funkverbindung abgerissen ist, an den Bordcomputer", sagte Plutinchen.

„Also los!", sagte Tom und bewegte den Joystick. Die kleinen Gondeln mit den Motoren drehten sich, sodass die Propeller das Luftschiff vorwärts und nach oben drückten. Bald schwebte Airship Solar 1 in etwa zweihundert Metern Höhe über dem Boden.

„So, ich gebe jetzt mal richtig Gas", lächelte Tom und schob die beiden Regler für den Antrieb nach oben.

Langsam nahm das Luftschiff Fahrt auf, doch mit der Beschleunigung des Space Racers hatte das Airship Solar 1 nichts gemein.
„Achtzig Kilometer pro Stunde“, stellte Tom fest. „Mehr ist nicht drin.“
„Für ein Luftschiff ist das sehr schnell“, hielt ihm Plutinchen entgegen.
„Das mag sein“, seufzte Tom. „Aber für mich ist das sehr langsam. Wir werden bestimmt ein paar Tage brauchen, um die Wüste zu erreichen. Daran hatte ich noch gar nicht gedacht.“
„Wir benötigen vier Tage und zwei Stunden“, schnurrte Plutinchen. „Wenn der Wind nicht dreht und stärker wird. Bis nach Arizona in den USA ist es weit.“
„Wie sind die Drohnen da bloß hingekommen?“, fragte Tom.
„Sie wurden am Rand der Wüste von einem Forschungsfahrzeug aus gestartet“, wusste Stella. „Das hat mir meine Mutter erzählt.“
„Vier Tage sind eine lange Zeit“, meinte Tom.
„Aber eine Zeit, in der wir nicht einmal Treibstoff tanken müssen“, entgegnete

Stella. „Eine Zeit, in der wir Zeit haben, die Landschaft zu genießen. Eine gute Gelegenheit, das Reisen neu zu entdecken."

„Das stimmt", schnurrte Plutinchen. „Die Solarzellen liefern übrigens tagsüber so viel Energie, dass die Akkus für die ganze Nacht reichen."

Tom sah aus dem großen Frontfenster und dann aus dem Seitenfenster. Unter ihm grasten ein paar Rehe an einem Waldrand. Ein Vogel verfolgte sie neugierig. Am Horizont tauchten einige Berge auf, die sie überqueren mussten. Darüber thronten einige weiße Wolken. Nichts war zu hören – das Luftschiff flog fast lautlos.

„Ja, du hast recht", gab er zu. „Es ist tatsächlich ganz anders als mit unserem Space Racer."

„Der wurde ja auch für das Reisen im All konstruiert", fügte Stella hinzu. „Nicht für das Reisen in der Atmosphäre."
Tom schaltete den Autopiloten ein und lehnte sich in seinem Sitz zurück. Der Vogel flog noch immer neben dem Luftschiff her. Als Tom den Blick nach unten richtete, sah er den Schatten, den das Luftschiff warf. Er war ihr Begleiter und streifte Häuser, Menschen und Bäume für einen kurzen Augenblick.
„Na, ist doch gar nicht so schlecht?", lächelte Stella. „So viel haben wir noch nie von oben gesehen."
„Stimmt", nickte Tom. „Es ist ein schönes Reisen. Ohne Geräusche und ohne dem Klima zu schaden. Ich glaube, daran könnte ich mich gewöhnen."
„Dazu hast erst einmal vier Tage Zeit", sagte Stella. „Dann müssen wir die Drohnen suchen."
„Das werden vier entspannte Tage", freute sich Tom.

Trotz der langsamen Fortbewegung verging die Zeit wie im Flug. Die vier Tage waren schnell vorbei. Als sie am Morgen des letzten Reisetags aus den Fenstern der Luftschiffgondel sahen, war das letzte

Grün verschwunden. Sand und Steine bestimmten jetzt das Bild der Landschaft.

„Wir sind da!“, strahlte Stella.

„Sieht ja ziemlich trocken aus“, meinte Tom. „Fast wie auf dem Mars. Ob es da überhaupt Pflanzen und Tiere gibt? Ich kann nur ein paar große Kakteen erkennen.“

„Das sind Saguaro-Kakteen“, erklärte Plutinchen. „Biologen nennen sie Carnegiea gigantea. Es sind die größten Kakteen der Welt. Sie können bis zu zwanzig Meter hoch werden.“

„Also nichts für die Fensterbank“, stellte Tom fest.

„Diese riesigen Kakteen sind übrigens mit dem Spinat und der Roten Bete verwandt“, fügte Plutinchen noch hinzu.

„Das sieht man auf den ersten Blick“, lachte Stella.

„Wie gut, dass Rote Bete keine Dornen hat“, meinte Tom. „Ich mag nämlich Rote Bete sehr gerne.“

„Ich auch“, stimmte Stella zu, berührte das Display mit dem Finger und sah auf eine der Anzeigen. „Kein Signal von den beiden Drohnen. Das war ja zu erwarten.“

„Und kein weiteres Lebenszeichen", ergänzte Tom, der noch immer aus dem Fenster sah. „Die Wüste ist wirklich fast so tot wie der Mars."

„Wir haben bald die letzte Position der Drohnen erreicht", stellte Tom fest, der jetzt wieder auf das Display sah.
„Dann lasse ich den Bordcomputer berechnen, wohin sie der Sturm befördert haben könnte. Windrichtung und die Stärke des Sturms sind uns ja bekannt. Von dort aus müssen wir sie aus der Luft suchen."
„Außerdem haben wir ja das Lidar an Bord", gab Plutinchen zu bedenken. „Dieses Gerät ist eine Art Radar, das den Boden mit einem Laserstrahl abtastet. Auf diese Weise kann man dreidimensionale Bilder vom Boden erhalten. So lassen sich verborgene Ruinen oder Gegenstände leicht erkennen. Unser Gerät ist zwar nur eine kleine Ausgabe mit einer geringen Reichweite, reicht aber aus. Mit diesem Suchgerät müssten wir die Drohnen aufspüren können."
„Wir sind da", sagte Tom. „Ich melde mich kurz bei

der Bodenstation und gebe durch, dass wir jetzt mit der Suche beginnen. Können wir landen?"

„Schwacher Wind aus östlicher Richtung", stellte Stella fest. „Wir können landen. Es sind auch genügend große Felsen da, um das Haltetau zu befestigen."

Tom griff zum Joystick und ließ das Luftschiff an Höhe verlieren. Als sie einen Meter über dem Boden schwebten, ließ Stella das Haltetau aus dem Bug fallen. Plutinchen verließ die Gondel durch ein Fenster, suchte einen passenden Felsen und befestigte das Tau. Wenig später war alles bereit zum Aussteigen. Tom und Stella öffneten die Gondeltür und hüpften in den Sand. Es war weicher Sand, der ihre Füße einsinken ließ.

„Ganz schön heiß hier", sagte Tom und sah durch seine Sonnenbrille kurz in die Sonne, die schon hoch am Himmel stand.

„Das kommt in einer Wüste öfter mal vor", grinste Stella.

„Komm, sehen wir uns die Felsen an. Die sehen merkwürdig aus."
Tom und Stella stapften durch den Sand auf den Felsen zu, um den Plutinchen das Haltetau geschlungen hatte.
„Das ist kein Felsen", stellte Stella fest, nachdem sie den Felsen berührt und eingehend begutachtet hatte. „Das sind gemauerte Steine."
„Tatsächlich", bestätigte Tom. „Das war mal ein Haus."
„Es könnte eine Farm gewesen sein", vermutete Stella. „Hinter dem Haus kann man die Reste von einem Nebengebäude erkennen. Das könnte eine Scheune gewesen sein."
„Und dieses sonderbare Muster dort im Boden, das

könnten Furchen von einem Feld sein“, meinte Tom und zeigte mit dem Finger in die Wüste.“

„Eine Farm in der Wüste?“, wunderte sich Stella. „Wer ist denn auf diese abwegige Idee gekommen? Das musste ja schiefgehen.“

Tom und Stella marschierten einmal um die Ruine herum und waren dann sicher, tatsächlich eine alte Farm entdeckt zu haben. Sie fanden noch die Reste eines Brunnens und einer Straße. Fast alles war ganz oder teilweise mit Sand bedeckt.

„Gespenstisch“, meinte Stella. „Eine Geisterfarm.“

„Es gibt nur eine vernünftige Erklärung“, sagte Tom. „Die Farm wurde gebaut, als es hier noch keine Wüste gab. Zur Wüste ist das Land hier erst später geworden.

Was meinst du, Plutinchen?“
„Das ist eine sehr gute Erklärung“, antwortete die Roboterkatze, die einen halben Meter über dem Sand schwebte und ihn aufwirbelte. „Zum Glück dehnen sich die Wüsten nicht mehr weiter aus.“
„Das liegt an der Erderwärmung“, meinte Stella. „Zum Glück hat es die Menschheit geschafft, die Erwärmung zu stoppen. Sonst sähe es heute auf der Erde ganz anders aus. Aber natürlich gibt es trotzdem viele Gebiete, in denen zu wenig Regen fällt, und wieder andere, in denen es zu viel und zu stark regnet.“
„Das stimmt“, bestätigte Plutinchen. „Zu den Ursachen gehören aber auch die Abholzung von Bäumen und Büschen und die Einrichtung zu vieler Weiden. Ohne ein ausgedehntes Wurzelwerk wird der fruchtbare Boden nicht mehr zusammengehalten und vom Wind davongetragen. Über ein Fünftel der Landfläche der Erde sind inzwischen Wüste.“
„Aber in Afrika, in der Mongolei und anderen Wüstenregionen sind doch bereits Schutzwälder angepflanzt worden“, entgegnete Tom. „Sie sollen eine weitere Wüstenbildung verhindern.“

„Diese Maßnahmen haben auch Erfolg“, sagte Plutinchen. „Sie müssen aber noch verstärkt werden. Leider wissen wir immer noch zu wenig über die Wüstenbildung.“

„Aber da hilft doch die Raumfahrt“, gab Stella zu bedenken. „Unsere Raumstationen und Satelliten machen schon lange Fotos aus dem All. Die werden von Forschern genutzt, um die Wüstenbildung besser zu verstehen.“

„Stimmt“, schnurrte Plutinchen. „Bestimmt gibt es auch schon Fotos von dieser Wüste.“

„Aber leider ohne die beiden Drohnen“, stellte Tom fest. „Wie sollen wir sie jetzt finden? Das Gebiet, das wir absuchen müssen, ist zwar nicht groß, aber groß genug. Zu Fuß sind wir da bestimmt viele Tage unterwegs. Und das bei diesen Temperaturen.“

„Dafür haben wir ja das Luftschiff“, erklärte Plutinchen. „Hier haben wir moderne Messgeräte an Bord und können einen Meter über dem Boden schweben. Schon vergessen? Falls die Drohnen von viel Sand bedeckt sind, haben wir so die größten Chancen.“

Die Felsnadel

Tom und Stella stiegen wieder an Bord von Airship Solar 1, während Plutinchen das Haltetau löste. Im Cockpit sahen sie sich am Display auf der Karte den Bereich an, den der Computer berechnet hatte.
„Wir fangen gleich hier an“, entschied Tom. „Dann fliegen wir nach Norden und kehren nach zwei Kilometern wieder um. Dann kehren wir erneut um. Wir brauchen sechs Stunden, um das Gebiet zu untersuchen.“
„Okay, also los!“, stimmte Stella zu und wischte mit den Fingern über das große Display. „Ich programmiere unseren Kurs. Während der Autopilot das Schiff lenkt, können wir den Boden absuchen.“
„Vergesst das Lidar nicht, das wir an Bord haben“, gab Plutinchen zu bedenken.
„Das setzen wir gleich mal ein“, sagte Stella und

berührte erneut das Display. Dort erschien plötzlich ein Bild aus merkwürdigen Farben, auf dem die Umrisse der Farm unter ihnen sehr gut zu erkennen waren.
„Es gab noch mehr Häuser hier“, schloss Stella aus dem Bild. „Die Straße führte nach Westen. Als würde man in den Untergrund hineinsehen. Das wird ein Kinderspiel. Ich öffne zusätzlich die Abdeckung des Glasbodens.“
Lautlos glitt ein Teil des Bodens in der Gondel zur Seite und gab den Blick auf die Wüste frei. Stella sprang auf und machte es sich vor der rechteckigen Öffnung bequem. Hinausfallen konnte sie nicht, denn die Öffnung war durch eine Glasscheibe gesichert.
„Dann starte ich jetzt“, sagte Tom und setzte das Luftschiff in Bewegung. In etwa einem Meter Höhe flogen sie nun langsam über die Wüste hinweg. Stella und Plutinchen richteten ihre Aufmerksamkeit auf den Wüstenboden und Tom behielt das Lidar im Auge. Die zwei Kilometer waren schnell geschafft. Vollautomatisch flog das Luftschiff eine Kurve und ging auf Gegenkurs.

Nach der fünften Bahn über der Wüste schnaufte Stella: „Ich glaube, es ist doch kein Kinderspiel. Bisher haben wir nur Sand und Steine gefunden. Oder hast du etwas entdeckt?“

„Nö“, antwortete Tom. „Hier ist wirklich gar nichts ...“

„Halt! Stopp!“, rief in diesem Augenblick Stella. „Schnell! Ein paar Meter zurück!“

Tom stoppte die Motoren und ließ das Luftschiff in die Gegenrichtung gleiten.

„Da! Unter dem Sand! Das sieht aus wie ein Kreuz!“, rief Stella aufgeregt. „Das könnten die Ausleger für die vier Rotoren sein.“

Tom sah sich das Bild vom Lidar an.

„Tatsächlich. Da ist etwas. Die Größe könnte auch passen. Los, wir schauen gleich mal nach!“

So schnell wie möglich kletterten sie aus der Gondel und stapften durch den Sand auf die kleine Erhebung zu.

„Wir hätten einen Besen mitbringen sollen“, meinte Stella. „Das ist ja wie auf dem Mars.“

„Das mache ich schon“, schnurrte Plutinchen und aktivierte über der Erhebung kurz ihre Düsenpfoten.

Wie von einem Gebläse wurde der Sand weggepustet. Tom und Stella machten große Augen.

„Ein paar Steine“, maulte Tom. „Sie bilden nur zufällig ein Kreuz.“

„Ich fürchte, es wird doch nicht so leicht“, stöhnte Stella. „Also los, gehen wir wieder an Bord.“

Auch nach der zehnten Bahn über der Wüste hatten sie noch keine Spur gefunden.

„Machen wir eine Pause“, sagte Tom enttäuscht und setzte sich neben Stella und Plutinchen. Das Luftschiff wurde vom Autopiloten gelenkt und sollte auf der Stelle schweben.

„Space Tea?“, fragte Tom.

„Und ob! Es wird höchste Zeit“, antwortete Stella.

Tom stand wieder auf und ging zu der kleinen Bordküche. Dort füllte ein Automat zwei Tassen mit ihrem Lieblingstee. Als Tom die beiden Becher zum Glasboden bringen wollte, erfasste eine Windbö das Luftschiff.

„He!“, rief Tom und jonglierte vergeblich mit den beiden Bechern, aus denen Tee schwappte und auf den Boden tropfte. Die Bö ließ nicht locker und schaukelte sie hin und her. Doch nach wenigen Minuten beruhigte sich der Wind wieder. Tom reichte Stella die Becher, um einen Lappen zu holen. Doch weit kam er nicht, denn die Stimme des Bordcomputers meldete sich.

„Warnung! Leck in der Hülle! Druckverlust!“

Tom und Stella ließen fast ihre Becher fallen.

„Ein Loch in der Hülle? Wie ist das denn möglich?“, fragte Stella, sauste ins Cockpit und sah auf das große Display. Eine Bordkamera lieferte die Antwort.

„Ein Felsen! Die Bö muss uns gegen einen von diesen Felsen gedrückt haben!“, rief sie. „Es war bestimmt der große dort mit der spitzen Nase.“

„Warnung! Leck in der Hülle! Druckverlust!“, wiederholte der Bordcomputer. „Auftrieb verringert sich!“

„Ach du dickes Mondkalb!“, raunte Tom und nahm neben Stella Platz. „Was machen wir jetzt?“
„Ich sehe gleich mal nach“, sagte Plutinchen, öffnete die Gondeltür und flog nach draußen. „Ich schalte die Kamera ein.“
Tom und Stella verfolgten auf dem Display, was die Roboterkatze mit ihren Augen sah. Sie flog an der Steuerbordseite des Luftschiffs entlang, also an der Seite, die der Felsen erwischt hatte. Es dauerte nicht lange und Plutinchen hatte das Loch entdeckt.
„Kein Wunder, dass wir so viel Helium verlieren“, sagte Stella. „Noch haben wir genügend davon in den Druckflaschen. Aber wenn wir das Loch nicht schnell flicken, reichen die Vorräte nicht mehr für die Rückfahrt.“
„Plutinchen? Kannst du die Hülle flicken?“, fragte Tom.
„Nicht mit meinem flüssigen Kunststoff“, antwortete die Roboterkatze. „Der eignet sich bestens für Raumschiffwände, nicht aber für Luftschiffhüllen. Dazu brauchen wir ein Tape, ein Klebeband.“
„Das ist bestimmt irgendwo an Bord“, meinte Tom.

„Im Werkzeugkasten“, rief Stella. „Der ist unter der Sitzbank hinten in der Gondel.“
Tom klappte die Sitzbank nach oben und holte den Werkzeugkasten heraus. Stella hatte sich nicht geirrt, gleich mehrere große Rollen aus metallisch schimmerndem Klebeband kamen zum Vorschein.
„Kannst du das übernehmen?“, fragte Tom die Roboterkatze.
„Leider nicht“, antwortete Plutinchen. „Jedenfalls nicht alleine. Ich kann nicht gleichzeitig auf meinen Düsenpfoten fliegen und Tape abrollen und aufkleben.“
„Auch das noch!“, entfuhr es Stella. „Wie sollen wir an das Leck herankommen? Wir haben keine Leiter.“
„Aber einen Kletterfelsen!“, hatte Tom plötzlich eine Idee. „Der Felsen, gegen den der Wind das Luftschiff gedrückt hat. Wir brauchen es nur ein paar Meter zurückzufliegen. Wir können es sogar schieben, solange es noch schwebt. Und du kletterst dann den Felsen hoch.“
„Ich?“, erschrak Stella.
„Der ist bestimmt glühend heiß“, sagte sie mit

ängstlichem Blick. „Der steht ja den ganzen Tag in der Sonne. Und gleich daneben steht auch noch einer von diesen großen Kakteen. Wenn ich abrutsche, könnte ich mich an den Dornen verletzen."
„Wir haben doch Handschuhe an Bord", lächelte Tom. „Die halten eine Menge aus. Los! Helft mit! Es sind nur zehn oder fünfzehn Meter."
Tom, Stella und Plutinchen drückten das Luftschiff mit vereinten Kräften zurück in die Richtung, aus der sie gekommen waren.
„Hoffentlich fängt es nicht wieder an zu wehen", meinte Tom.
Das Luftschiff schwebte nur noch einen halben Meter über dem Wüstensand. Da es sich leicht bewegen ließ, erreichten sie schnell den Felsen.
„Bremsen!", rief Tom und versuchte, das Luftschiff mithilfe des Haltetaues so zu manövrieren, dass es in unmittelbarer Nähe des Felsens schwebte. Stella verschwand schnell in der Gondel und zog sich Handschuhe an. Plutinchen und Tom vertäuten das Luftschiff unten am Felsen. Stella besah sich den Felsen mit der spitzen Nase aus der Nähe.

„Von hier sieht es gut aus“, nickte Tom.

„Von hier aus aber nicht“, maulte Stella. „Der Felsen ist nicht nur heiß, sondern auch steil. Aber ich werde es versuchen.“

Stella suchte mit den Fingern in einer Spalte Halt und zog sich langsam nach oben.

„Weiter!“, rief Tom.

„Danke für den Tipp!“, entgegnete Stella und suchte mit dem rechten Fuß Halt. „Darauf wäre ich selbst gar nicht gekommen.“

Meter für Meter kletterte Stella den Felsen hinauf. Sie liebte das Bergsteigen

und hatte auf der Erde oft an künstlichen Kletterwänden trainiert. Meistens allerdings mit einem Seil. Doch Kletterseile gab es an Bord nicht.
„Vorsicht!“, rief Plutinchen, als Stella auf einen losen Stein trat, von dem sie auch gleich abrutschte. Doch mit ihren Fingern konnte sie sich festhalten.
„Das war knapp“, meinte Tom und wischte sich den Schweiß von der Stirn.
Vorsichtig tasteten sich Stellas Finger den steilen Felsen hoch. Sobald sie einen Vorsprung oder eine Spalte fanden, krallten sie sich fest.
„Der hat es in sich“, schnaufte sie und zog sich wieder ein paar Zentimeter nach oben. „Seht euch diese Felsnadel über mir an. Die trägt ihren Namen wirklich zu Recht.“ „Vorsicht!“, rief Plutinchen ein zweites Mal. Doch die Warnung kam zu spät, Stella rutschte ab und sauste einen Meter nach unten. Dort fand sie an einem schmalen Felsvorsprung neuen Halt.
„Alles klar?“, fragte Tom ängstlich. Dann klatschte etwas auf seine Stirn. Er berührte die Stelle mit dem Finger, der sich rot färbte. Blutrot.
„Stella!“, rief er. „Hast du dich verletzt?“

„Ja“, antwortete sie. „Am Unterarm.“

„Soll ich zu dir nach oben klettern?“, bot Tom an.

„Nein, so schlimm ist es auch nicht“, erklärte Stella. „Es tut nur weh. Plutinchen?“

Die Roboterkatze kam angeflogen und besah sich die Verletzung. „Eine vier Zentimeter lange Wunde“, stellte sie fest und biss zu. Es war aber kein gewöhnlicher Katzenbiss, sondern ein Biss, der die Wunde verschloss und mit einer Paste aus ihrem Mund versiegelte, die an der Luft sehr schnell aushärtete. Wie ein Pflaster klebte sie auf der Haut.

„Es geht weiter“, sagte Stella und kletterte los. Sie war jetzt etwas langsamer, kam ihrem Ziel jedoch immer näher.

„Du hast es gleich geschafft!“, rief Tom. „Plutinchen bringt dir dann das Klebeband!“

Stella erreichte jetzt die Höhe, auf der sich das Loch in der Luftschiffhülle befand. Langsam drehte sie sich zur Seite, hielt sich dabei gut fest und hatte jetzt

eine Hand frei. Mit einem Fuß fand sie guten Halt auf einem kleinen Vorsprung. Neben ihr flog Plutinchen mit der Klebebandrolle auf ihrem Schwanz, vor ihr schwebte das Luftschiff.

„Es kann losgehen“, sagte Stella und erschrak. Statt ihrer normalen Stimme hörte man eine sehr hohe Mäusestimme.

„Was ist jetzt denn los?“, fragte sie verwundert, und das erneut mit einer ungewöhnlich hoch klingenden Stimme.

„Das liegt am Helium“, erklärte Plutinchen. „Du hast das ausströmende Gas eingeatmet. Darin bewegen sich die Schallwellen etwa dreimal so schnell wie in der Luft. Das liegt eben am Helium, das viel leichter ist als Luft. Das verändert natürlich den Klang. Die schnelleren Schallwellen klingen deutlich höher. Aber keine Sorge: Helium ist völlig ungiftig.“

„Das freut mich sehr", sagte Stella mit ihrer neuen Mickymaus-Stimme. „Legen wir los! Es ist anstrengend, auf einen Felsen zu klettern."
Gemeinsam zogen sie ein Stück Tape von der Rolle, rissen es ab und klebten es auf das Leck. Tom hielt das Luftschiff am Haltetau in der richtigen Position.
„Das reicht nicht! Ich klebe noch ein Stück über die Stelle", rief Stella. „Halte das Luftschiff auf Position. Ich komme nicht mehr an die Hülle heran."
Tom zog am Haltetau.
„Die Felsnadel hat ganz schön zugestochen", meinte Stella und klebte zusammen mit Plutinchen ein weiteres Stück Tape auf die Hülle. Bald hatte sie das Loch verschlossen. Stella konnte sich an den Abstieg machen. Mit viel Fingerspitzengefühl hangelte sie sich wieder nach unten. Auf halbem Weg verharrte sie plötzlich.

Bewegt sich da etwas?

„Was ist mit dir?“, fragte Tom. „Hast du dich verletzt?“
„Nein, alles bestens“, antwortete Stella. „Ich habe nur gerade ein Loch in dem Kaktus neben dem Felsen entdeckt.“
„Willst du es etwa auch mit Klebeband flicken?“, fragte Tom.
„Bestimmt nicht“, entgegnete Stella. „Es klebt eine kleine Feder in der Öffnung. Ich glaube, es ist die Nisthöhle von einem Vogel.“
„Von einem Vogel? Mitten in der Wüste?“, wunderte sich Tom.
„Das ist die Nisthöhle von einem Wüstengoldspecht“, erklärte Plutinchen. „Diese Vogelart lebt in der Wüste und ernährt sich von Insekten, die hier leben.“
„Dann ist die Wüste gar nicht so tot, wie es scheint“, staunte Tom.

„Auf dem Kaktus klettern auch ein paar Ameisen herum“, sagte Stella. „Und eine Spinne sehe ich auch. Hier ist richtig etwas los, wenn man genauer hinsieht.“
„Aber die Tiere, die brauchen doch Wasser“, meinte Tom. „Wo haben sie das denn her? Hier fließen doch keine Bäche oder Flüsse.“
„Aber hier wachsen Kakteen“, erklärte Plutinchen. „Und die speichern in ihrem Stamm große Mengen Wasser.“
„Und wo haben die Kakteen das Wasser her?“, ließ Tom nicht locker.
„Aus dem Boden“, antwortete Plutinchen. „Dort sammelt es sich für eine Weile nach Regenfällen. Die sind zwar selten, aber es gibt sie.“
Stella war gerade einem Käfer auf der Spur, als sich erneut der Bordcomputer meldete.
„Warnung! Bodenkontakt möglich! Beschädigung der Gondel möglich!“
„Wir müssen Helium in die Hülle füllen“, sagte Tom. „Los, klettere nach unten!“
„Schade“, murrte Stella und machte sich an den letzten Meter. Ohne eine weitere Verletzung erreichte sie den sandigen Boden.

„Wir sollten nicht alle gleichzeitig an Bord gehen", sagte Tom, der noch immer das Haltetau hielt. „Sonst drückt unser Gewicht die Gondel auf den Boden."
„Ich fliege an Bord und öffne die Druckflaschen mit Helium", schlug Plutinchen vor und flog los. Es dauerte keine Minute und das Luftschiff gewann langsam wieder an Höhe.
„Unser Plutinchen", freute sich Tom und kletterte an Bord.
„Trinken wir erst einmal was", meinte Stella. „Bei dieser Hitze braucht man viel Flüssigkeit. Außerdem ist der Overall viel zu heiß."
„Was macht deine Verletzung?", fragte Tom.
„Die tut noch immer weh, ist aber dank unserer Krankenschwester Plutinchen bestens versorgt", antwortete Stella.

Nach einer kurzen Pause startete Tom die Motoren, während Stella und Plutinchen wieder durch den Glasboden die Wüste beobachteten. Stella suchte jetzt verstärkt nach Spuren von Tieren und wurde auch schon bald fündig.

„Die Spur dort im Sand“, sagte sie. „Die stammt bestimmt von einer Schlange. Was meinst du?“
„Vielleicht eine Klapperschlange?“, meinte Plutinchen.
„Und dort, da krabbelt ein Käfer“, stellte Stella wenig später fest. „Die Wüste ist tatsächlich auch ein Lebensraum. Natürlich gibt es hier nicht so viele Pflanzen und Tiere wie im Regenwald. Aber für die Trockenheit, die hier herrscht, sind es doch eine ganze Menge.“
„Sie haben sich alle an das Leben hier angepasst“, erklärte Plutinchen. „Vor allem sind sie in der Lage, sparsam mit Wasser umzugehen.“
„Da!“, rief Stella. „Da ist etwas im Sand verschwunden! Ich glaube, es war eine Eidechse. Was will die denn im Sand?“
„Sich vor der Hitze in Sicherheit bringen“, erklärte Plutinchen. „Im Sand ist es kühler als an der Oberfläche. Viele Tiere verkriechen sich tagsüber im Sand und kommen erst in der Nacht an die Oberfläche, um nach Nahrung zu suchen.“
Im Schatten eines Steins entdeckte Stella eine Maus, die gleich wieder verschwand.

„Das ist eine Grashüpfermaus“, wusste Plutinchen. „Sie macht nachts Jagd auf Insekten und andere kleine Tiere. Sie schreckt auch vor Skorpionen nicht zurück, denn deren Gift kann ihr nichts anhaben.“
„Unglaublich“, staunte Stella. „Sogar Säugetiere leben hier. Was wir wohl noch entdecken werden?“
„Ich hoffe, die vermissten Drohnen“, antwortete Tom aus dem Cockpit. „Die lebende Wüste finde ich zwar auch sehr spannend, aber wir müssen an unseren Auftrag denken. Und viel Zeit haben wir auch nicht mehr. Unsere Wasservorräte müssen noch für die Rückfahrt reichen.“
„Was sagt denn das Lidar?“, fragte Stella.
„Nichts“, antwortete Tom. „Und es sind nur noch zwei Bahnen übrig. Dann haben wir das Gebiet untersucht, das der Computer berechnet hat. Wenn wir sie dort nicht finden, müssen wir die Suche ausdehnen.“
„Wir haben wirklich nicht mehr viel Zeit“, meldete sich Plutinchen. „Ein Wettersatellit meldet schlechtes Wetter im Norden.“
„Was meinst du mit schlechtem Wetter?“, fragte Stella.

„Dicke Wolken und Regen“, schnurrte Plutinchen. „Nördlich von uns gab es schon vor Tagen kräftige Regenfälle.“

„In der Wüste?“, fragte Tom erstaunt.

„Das habe ich doch schon erwähnt“, antwortete die Roboterkatze. „Sie sind zwar sehr selten, oft nur alle paar Jahre, aber es gibt sie.“

Tom tippte mit dem Finger auf das Display und rief den Wetterbericht auf.

„Tatsächlich“, nickte er. „Nördlich von uns sind Regenwolken. Sie kommen auf uns zu. Wir sollten uns beeilen. Ich weiß nicht, wie sich das Luftschiff verhält, wenn wir in das Regengebiet fliegen.“

Tom wendete das Luftschiff und begann mit der vorletzten Bahn. Stella und Plutinchen konzentrierten sich jetzt auf ungewöhnliche Formen im Sand. Sie entdeckten Steine, die wie Gesichter aussahen, und kleine Dünen, die Schlangen ähnelten. Natürlich sahen sie auch Ameisen, Spinnen und Käfer. Nur die Drohnen entdeckten sie nicht. Es dauerte nicht lange und sie hatten das ausgewählte Gebiet abgeflogen.

„Was machen wir jetzt?“, fragte Stella.

„Wir fliegen um das Gebiet herum“, schlug Tom vor. „In immer größeren Kreisen. Die Drohnen müssen weiter vom Kurs abgekommen sein, als der Computer berechnet hat. Der ist ja auch nicht unfehlbar. Wir fangen gleich hier an.“

„Und das Wetter?“, gab Stella zu bedenken?

„Noch scheint die Sonne“, beruhigte sie Tom. „Aber der Wetterbericht hat eine Sturmwarnung im Angebot. Wir sollten uns beeilen.“

Es wird ungemütlich

Mit der Hilfe von Plutinchen programmierte Tom einen Kurs, der sie in immer größeren Kreisen um das ausgewählte Suchgebiet herumführte. Um die Energie für die Elektromotoren brauchten sie sich keine Gedanken zu machen, denn die Solarzellen auf der Hülle arbeiteten einwandfrei. Fast lautlos schwebten sie über Sand und Steine hinweg.

„Das Luftschiff ist schon ein tolles Fahrzeug“, meinte Stella. „Es ist zwar nicht schnell, dafür aber bequem und umweltfreundlich. Ich frage mich, warum die Menschen immer so schnell reisen müssen. Langsam und ökologisch kommt man doch auch ans Ziel Und man sieht dabei so viel mehr. Als würde man mit einer Kutsche fahren, nur eben durch die Luft.“

„Euch geht es nie schnell genug“, bemerkte Plutinchen. „Die Menschen wollen sich immer selbst überholen und jeder will der Erste sein. Und die Zeit, die ihr dabei einspart, nutzt ihr nicht für euch, sondern dafür, noch mehr zu erledigen und noch schneller und besser zu werden. Die Menschen sind Zeitreisende, die nie Zeit haben."

„Du hast recht, Plutinchen", sagte Stella. „Aber das zu ändern, ist gar nicht so leicht. Wir könnten ja ..."

In diesem Augenblick erfasste eine leichte Bö das Luftschiff.

„Was ist los?", fragte Stella.

„Noch nicht viel", antwortete Tom. „Aber die Wolken kommen näher."

„Dann sollten wir die Drohnen so schnell wie möglich finden", sagte Stella und suchte noch gründlicher den Wüstenboden ab.

„Was ist das?", fragte sie nach ein paar Hundert Metern. „In der Nische dort, die von den Felsen gebildet wird."

Tom stoppte die Motoren und änderte kurz deren Laufrichtung. Das Airship Solar 1 flog ein paar Meter zurück.

„Stopp!“, rief Stella und zeigte mit dem Finger auf den Sand, der sich im Windschatten einiger Felsen angesammelt hatte. Tom befragte das Lidar. Auf dem Display erschien ein farbiges Bild, auf dem zu sehen war, was sich unter dem Sand verbarg.

„Das könnten sie sein!“, sagte er laut. „Die haben sich aber ein raffiniertes Versteck gesucht.“

„Das war der Sturm“, lachte Stella, „der sich dieses Versteck für sie ausgesucht hat. Ein wirklich gutes Versteck. Sie liegen so dicht an den Felsen, dass kein Satellit sie entdecken kann.“

„Aber wir!“, triumphierte Tom, als das Luftschiff erneut von einem Windstoß erfasst wurde.

„Wir sollten uns beeilen“, meinte Stella. „Das Unwetter ist nicht mehr weit.“

Plutinchen suchte wieder einen passenden Felsen, um das Haltetau zu befestigen. Tom und Stella bewaffneten sich mit Schaufeln, die sie extra für das Unternehmen an Bord gebracht hatten.

„An dieser Stelle“, sagte Tom. „Legen wir sie frei!“
Während Tom und Stella vorsichtig den Sandberg abtrugen, verfolgte Plutinchen die Meldungen des Wettersatelliten.
„Beeilt euch!“, mahnte sie. „Es wird ungemütlich.“
„Schneller geht es nicht“, entgegnete Stella. „Der Sand rieselt immer wieder von der Schaufel.“
„Es sind sehr rund geschliffene Sandkörner“, stellte Plutinchen fest. „Sie sind also sehr alt. Mindestens eine Milliarde Jahre, also 1 000 Millionen Jahre.“
„Was?“, rief Stella überrascht.
„Ja, so lange dauert es, bis aus einem großen Stein so winzige und glatte Sandkörner werden.“
„Da sind sie!“, freute sich Tom.
„Die Sandkörner?“, wunderte sich Stella.
„Nein, die Drohnen. Wir haben sie tatsächlich gefunden“, erklärte Tom.
Aus dem Sand ragten jetzt zwei kleine Rotoren heraus. Tom und Stella griffen zu und zogen die beiden Drohnen aus dem Sand.
„Die sind nicht nur groß, die sind auch schwer“, bemerkte Stella.

Zu dritt schafften sie es, eine Drohne nach der anderen an Bord zu bringen.

„He!“, beschwerte sich Stella. „Mir ist Sand ins Auge geweht!“

„Sei froh“, sagte Tom. „Vor vielen Millionen Jahren war das noch großer Stein. Das wäre noch viel unangenehmer gewesen.“

„Allerdings“, stimmte Stella zu und rieb sich den Sand aus den Augen.

„Lasst uns starten“, sagte Tom. „Seht euch die Wolken dort hinten an.“

Erst jetzt bemerkten sie, wie sehr sich der Himmel verdunkelt hatte. So schnell sie konnten, gingen sie an Bord und sicherten die Drohnen. Plutinchen löste das Haltetau.

„Die Windgeschwindigkeit nimmt schnell zu“, stellte Stella fest, als sie auf das Display sah. Das wird wirklich ungemütlich.“

„Welchen Kurs sollen wir wählen?“, fragte Tom.

„Einen Kurs mit günstigem Wind“, schlug Plutinchen vor.

„Also in Richtung Süden, denn der Wind kommt ja aus dem Norden“, meinte Tom.
„Das schaffen wir nicht mehr“, sagte Stella. „Die Regenfront ist schneller als das Airship Solar 1.“
„Aber nur hier unten“, entgegnete Plutinchen. „In der Atmosphäre gibt es verschiedene Luftschichten, die sich auch unterschiedlich bewegen. Sucht nach einer geeigneten Strömung.“
Stella befragte das Display und ließ sich die Luftschichten zeigen. Wieder erfasste eine Bö das Luftschiff und versuchte, es nach Süden zu drücken.
„Beeil dich!“, mahnte Tom. „Wenn es die Motoren nicht schaffen, zerrt uns der Wind quer durch die Wüste.“
„Ich hab's!“, rief Stella. „In 1 500 Metern Höhe und über den Wolken gibt es eine Strömung in nördlicher Richtung. Vielleicht können wir über das Unwetter hinwegfliegen.“
„Also los!“, sagte Tom erleichtert und betätigte ein Ventil, das noch mehr Helium in eine der ballonartigen Zellen strömen ließ. Das Luftschiff stieg auf. Das schien dem Wind gar nicht zu gefallen, denn er begann, es kräftig zu schütteln.

„He!“, beschwerte sich Stella. „Der Wind ist bestimmt sauer, weil wir ihm die Drohnen wieder abgenommen haben.“
Das Luftschiff gewann an Höhe. Plötzlich prasselte Regen auf die Hülle und die Solarzellen, die kaum noch Energie lieferten.
„Wir müssen durch die Wolken hindurch“, sagte Tom. Im selben Augenblick wurde es fast dunkel. Das Luftschiff bebte kurz und gewann weiter an Höhe. Plötzlich wurde es wieder hell. Die Sonne schien, der Wind beruhigte sich.
„Orbital!“, grinste Tom. „Hier oben sieht die Welt schon wieder ganz anders aus. Schadensmeldung. Haben wir ein Leck?“
„Nein, die Hülle hat gehalten. Auch unser Flickwerk“, meldete Plutinchen.
„Wie geht es weiter?“, fragte Tom.
„Ich schlage vor, dass wir hinter der Regenfront wieder tiefer gehen“, antwortete Stella. „Ich will mir die Wüste noch mal ansehen.“

Da blüht doch was

Nach einer halben Stunde Fahrt in der günstigen Luftströmung verlor das Luftschiff wieder an Höhe und stieß durch ein paar harmlose Wolken nach unten. Die Regenfront war verschwunden.
„Das ist nicht die Wüste“, sagte Stella, als sie durch den Glasboden sah. „Der Boden dort unten ist rosa, orange und violett. Da stimmt etwas nicht.“
„Es ist immer noch die Wüste“, widersprach Tom. „Wir navigieren ja mit der Hilfe von Satelliten. Nein, ich irre mich nicht, wir sind noch immer über der Wüste.“
„Unsere Position stimmt“, bestätigte Plutinchen. „Wir sind genau dort, wo wir sein sollen. Über der Wüste.“
„Das kann nicht sein“, erwiderte Stella. „Seht euch doch mal das Farbenmeer da unten an. Oder sind wir bei Alice im Wunderland gelandet?“
„Tatsächlich!“, staunte nun auch Tom. „Das ist ja der reinste Farbkasten! Plutinchen, was hat das zu bedeuten?“

„Ich schlage vor, tiefer zu gehen“, antwortete Plutinchen. „Aus dieser Höhe kann ich nur Vermutungen anstellen.“

„Das sieht ja so aus, als ob irgendwo eine Unmenge Farbe ausgelaufen wäre“, meinte Stella, während Tom den Auftrieb des Luftschiffs verringerte.

„Sind wir jetzt tief genug?“, fragte Tom.

„Sind wir“, schnurrte Plutinchen und sah durch den Glasboden. Da ihre Augen auch einen Zoom besaßen, konnte sie die Wüste wie durch ein Fernrohr betrachten.

„Was ist?“, wurde Stella ungeduldig. „Etwas Gefährliches? Etwas Giftiges?“

„Es sind Blüten“, antwortete Plutinchen. „Blüten von Bigelow-Affenblumen, Parish-Mohn und Sandverbenen.“

„Blühende Blumen mitten in der Wüste?“, wunderte sich Tom. „Bist du sicher? Ich glaube eher, das ist blühender Blödsinn.“

„Die hat doch einen Knick in der Optik!“, murrte Stella. „In der Wüste wachsen keine Blumen. Und wenn, dann sind es nur ein paar, aber nicht solche riesigen Felder!“

„Tiefer!“, schnurrte die Roboterkatze. „Bis wir wieder über dem Boden schweben.“

Tom berührte das Display und das Airship Solar 1 verlor weiter an Höhe. Dann verließ er das Cockpit. Stella und Tom drückten sich ihre Nasen an der Scheibe des Glasbodens platt.

„Jetzt bin ich gespannt!“, sagte Tom.

„Es ist eine Überschwemmung mit flüssiger Farbe“, meinte Stella. „Irgendwo ist ein Unglück passiert.“

„Wartet es ab“, schüttelte Plutinchen den Kopf. „Ihr habt es mal wieder viel zu eilig.“

Das Luftschiff verlor weiter an Höhe und näherte sich dem Wüstenboden.

„Orbital! Es sind wirklich Blüten!“, hauchte Tom.
„Tatsächlich! Es ist ein Blütenmeer!“, flüsterte Stella.
„Wie ist das nur möglich?“
„Der Regen!“, schlug Tom vor. „Es gab doch ein Unwetter in diesem Teil der Wüste. Es hat die Drohnen vom Kurs abgebracht und es hat geregnet.“
„Ganz genau“, nickte Plutinchen. „Der Regen hat dann zu dieser Superblüte geführt.“
„Superblüte?“, fragte Stella.
„Ja, so nennt man dieses sehr seltene Schauspiel“, erklärte Plutinchen. „In dieser Wüste regnet es nur alle paar Jahre mal. Das Wasser lässt dann die Samen der Blumen keimen, sie wachsen schnell und blühen dann, um neue Samen zu erzeugen.“
„Können denn die Samen viele Jahre die Wüstenhitze überdauern?“, fragte Tom.
„Die Samen dieser Wüstenblumen haben eine sehr dicke Schale oder sie sind mit Wachs überzogen. So können sie zehn und mehr Jahre überdauern“, antwortete Plutinchen.
„Die Blumen sind also perfekt an das Leben in der Wüste angepasst“, stellte Tom fest.

„Da! Seht mal! Jede Menge Insekten!", rief Stella, als sie etwa einen Meter über dem Boden schwebten. „Bestimmt kommen sie aus der ganzen Wüste hierher."
„Eine bessere Gelegenheit gibt es gar nicht", meinte Tom. „Nahrung im Überfluss. Mitten in der Wüste."
„Aber nur für kurze Zeit", erklärte Plutinchen. „Die Hitze können die Blumen nicht lange überstehen. Die Zeit reicht aber aus, um zu blühen und Samen auszubilden."
„Was für ein Blütenmeer!", freute sich Stella. „Das ist wirklich eine schöne Wüste. Eine lebende Wüste."
„Ja, die Wüste lebt! Die Natur kann mehr, als man glaubt", stimmte Tom zu.
Gemeinsam sahen sie noch lange staunend durch den Glasboden und vergaßen die Zeit.
„Bodenstation an Major Tom. Bitte kommen! Bodenstation an Major Tom!", tönte es plötzlich aus dem Lautsprecher.
„Die Bodenstation. Die hatte ich völlig vergessen", sagte Tom und ging widerwillig ins Cockpit. „Hier ist Major Tom. Was gibt es?"

„Wie habt ihr das Unwetter überstanden?", fragte Stellas Mutter. „Wir haben es auf den Satellitenaufnahmen verfolgt und waren besorgt."

„Wir haben das Unwetter bestens überstanden", prahlte Tom ein wenig. „Und noch besser hat es die Wüste überstanden. Die ist so richtig aufgeblüht."

„Jetzt müsst ihr noch die Drohnen finden", meinte Stellas Mutter. „Sofern euch das überhaupt gelingt. Wir fürchten, dass sie verloren sind."

„Die Drohnen?", fragte Tom und drehte sich zu Stella um. „Weißt du, wo die Drohnen sind?"

„Bei uns an Bord!", lachte Stella. „Wo denn sonst!"

„Ihr habt die Drohnen tatsächlich gefunden?", staunte Stellas Mutter.

„Natürlich", brüstete sich Tom. „Das war doch unser Auftrag. Und den haben wir ausgeführt. Wir fliegen jetzt zurück."

„Wir freuen uns!", sagte Stellas Mutter. „Der Space Tea steht bereit, wenn ihr kommt!"

„Der kann noch warten", entschied Stella. „Wir wollen uns in aller Ruhe die blühende Wüste ansehen. Wir haben nämlich Zeit."

Der kleine Major Tom

Logbuch

Die Wüste lebt // Eintrag 1

Jules Verne und sein Sohn Michel haben sich die Drohne ausgedacht? Das musste ich erst einmal nachlesen. Aber es stimmt! In dem Roman „Das erstaunliche Abenteuer der Expedition Barsac", der 1919 erschienen ist, werden die Drohnen vorgestellt. Die Vernes haben sie Wespen getauft. Auch ein guter Name. Jules Verne lebte von 1828 bis 1905. Er starb, bevor er den Roman vollenden konnte. Sein Sohn Michel, der von 1861 bis 1925 lebte, hat die Notizen seines Vaters benutzt, um den Roman zu vollenden.

Die Wüste lebt // Eintrag 2

Das erste funktionierende Luftschiff wurde von dem Franzosen Baptiste Henri Jacques Giffard gebaut, der von 1825 bis 1882 lebte. Am 24. September 1852 startete er zu seinem ersten Flug. Als Antrieb diente eine kleine Dampfmaschine. Damit legte er eine Strecke von 27 Kilometern zurück. Es war der erste

Flug mit einem motorisierten Antrieb. Ebenfalls in Frankreich wurde 1884 das über 50 Meter lange Luftschiff „La France“ gebaut, das erstmals von einem Elektromotor angetrieben wurde. Der Propeller hatte einen Durchmesser von sieben Metern. Es war also ein großes Luftschiff und der Vorläufer von unserem Airship Solar 1. Nur die Solarzellen auf der Hülle gab es damals noch nicht. Als Energiequelle diente eine große Batterie. Elektrisch angetriebene Luftschiffe sind also nichts Neues.

Die Wüste lebt // Eintrag 3

Luftschiffe sind gut geeignet, um mit Kameras und Messinstrumenten Wüsten oder andere schwer zugängliche Regionen zu erforschen. So wurde etwa 2016 in Deutschland ein moderner Zeppelin als Forschungsluftschiff eingesetzt, um Küsten und Meere besser beobachten zu können. Über der Ostsee wurden Wasserbewegungen und Wirbel genau untersucht. Ein Luftschiff hat den Vorteil, direkt und fast lautlos über dem Wasser oder dem Watt schweben zu können. So kann man im Überflug große Gebiete untersuchen, ohne die Umwelt zu stören. Andere Luftfahrzeuge können das nicht. Zudem bietet die Gondel viel Platz für Forscher, Computer und Messinstrumente.

Die Wüste lebt // Eintrag 4

In den Wüsten der Erde wachsen mehr Pflanzen, als ich gedacht habe. Allein in der Sahara in Nordafrika konnten Biologen etwa 1400 Pflanzenarten nachweisen. Sie nutzen verschiedene Möglichkeiten, um in der Wüste zu überleben. So können Kakteen in ihrem Stamm über lange Zeiträume Wasser speichern. Dann gibt es Pflanzen, wie etwa Akazienbäume, deren Wurzeln bis zu 50 Meter tief in den Boden reichen. Auf diese Weise können sie das Grundwasser erreichen. Andere Pflanzen bilden Samen oder Zwiebeln aus, die sehr lange

Trockenzeiten überstehen können. Selbst viele Jahre ohne Wasser machen ihnen nichts aus. Erst ein Regenschauer erweckt sie dann zum Leben.

Die Wüste lebt // Eintrag 5

Lange Zeit haben die Menschen gedacht, dass in der Sahara nur sehr wenige Bäume wachsen. Erst 2020 konnten Satellitenaufnahmen mithilfe von künstlicher Intelligenz ausgewertet werden, die mehr als 1,8 Milliarden Bäume in der Westsahara zeigen. Es handelt sich um frei stehende Bäume. Warum sie dort überleben und welche Rolle sie für die Tier- und Pflanzenwelt spielen, wird bis heute erforscht.

„Das Universum ist groß, die Erde unser Zuhause."

Peter Schilling

Die Kreativ-Crew rund um den kleinen Major Tom

© Kurt Fuchs

Bernd Flessner …

… hat am 24.11.1957 Geburtstag. Er wurde in Göttingen geboren, ist aber am Meer aufgewachsen. Seine Lieblingsfarbe ist Rot. Am liebsten schreibt er Bücher für Erwachsene und Bücher für Kinder. Wenn er mal gerade nicht schreibt, dann kocht er. Sein Lieblingsgericht ist selbst gemachte Lasagne. Bernd Flessner ist ein begeisterter Zukunftsforscher, ihn interessiert alles, was mit Raumfahrt und Weltall zusammenhängt. Sein größter Wunsch wäre es, einmal zum Mars zu fliegen (und zurück natürlich, damit er von seinem Abenteuer berichten kann).

© Stefan Lohr

Stefan Lohr …

… hat am 5.5.1972 Geburtstag. Er wurde in Leutkirch geboren und lebt heute in Ravensburg. Seine Lieblingsfarbe ist Blau. Und am liebsten illustriert er Bücher für Kinder. Wenn er Zeit hat, dann fährt er gern Achterbahn. Am liebsten mit Doppellooping. Sein größter Wunsch wäre es, einmal mit Major Toms Space Racer ein paar Loopings im Weltall zu drehen.

Peter Schilling

Wer kennt nicht „Major Tom (völlig losgelöst)“ und hat dazu schon mal ordentlich abgetanzt?
Der Sänger und Songschreiber Peter Schilling, von dem dieser und noch viele andere Songs stammen, hatte die geniale Idee, die Geschichte aus dem weltbekannten Lied weiterzuerzählen – und zwar als Geschichte für Kinder.
Er ist, wie er sagt, im Herzen ein Kind geblieben und hat so die Idee zum kleinen Major Tom, Stella und Plutinchen gehabt. Und weil er den Autor und Weltraumfan Bernd Flessner kenNèngelernt hat, sind daraus Geschichten entstanden.
Peter Schilling möchte gerne, dass Kinder die Möglichkeit bekommen, so viel wie möglich über unsere Welt und das Universum zu erfahren. Deshalb tauscht er sich gerne vor seinen Konzerten mit Kindern über das spannende Thema Weltraum aus.

Bisher erschienen:

Band 1: Völlig losgelöst
ISBN 978-3-7886-4001-9

Bd. 2: Rückkehr zur Erde
ISBN 978-3-7886-4002-6

Bd. 3: Die Mondmission
ISBN 978-3-7886-4003-3

Bd. 4: Kometengefahr
ISBN 978-3-7886-4004-0

Bd. 5: Gefährliche
Reise zum Mars
ISBN 978-3-7886-4005-7

Bd. 6: Abenteuer auf
dem Mars
ISBN 978-3-7886-4006-4

Bd. 7: Außer Kontrolle!
ISBN 978-3-7886-4007-1

Bd. 8: Verloren im
Regenwald
ISBN 978-3-7886-4008-8

Bd. 9: Im Bann des Jupiters
ISBN 978-3-7886-4009-5

Bd. 10: Im Sog des
Schwarzen Lochs
ISBN 978-3-7886-4010-1

Bd. 11: Wer rettet Ming
und Hu?
ISBN 978-3-7886-4011-8

Bd.12: Plutinchen in Gefahr
ISBN 978-3-7886-4012-5

Space School:

Bd. 1: Abenteuer Raumfahrt
ISBN 978-3-7886-4113-9

Bd. 2: Künstliche Intelligenz
ISBN 978-3-7886-4114-6

Hörspiele:

Völlig losgelöst
ISBN 978-3-7886-4101-6

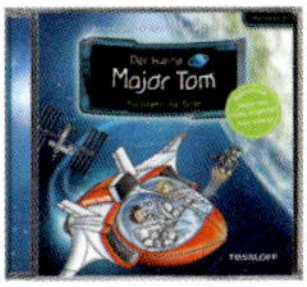

Rückkehr zur Erde
ISBN 978-3-7886-4102-3

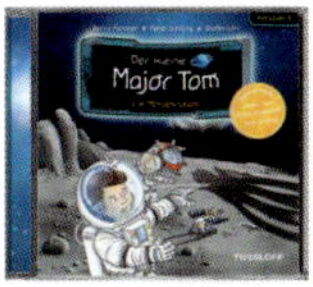

Die Mondmission
ISBN 978-3-7886-4103-0

Kometengefahr
ISBN 978-3-7886-4104-7

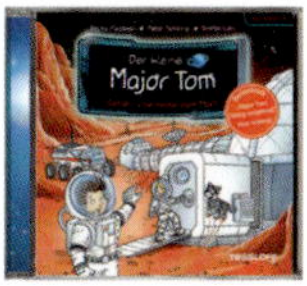

Gefährliche Reise zum Mars
ISBN 978-3-7886-4105-4

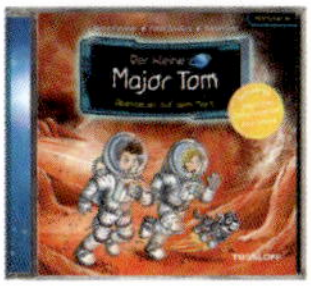

Abenteuer auf dem Mars
ISBN 978-3-7886-4106-1

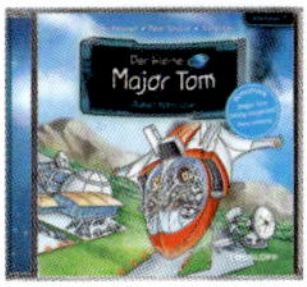

Außer Kontrolle!
ISBN 978-3-7886-4107-8

Verloren im Regenwald
ISBN 978-3-7886-4108-5

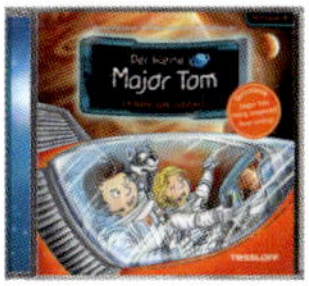

Im Bann des Jupiters
ISBN 978-3-7886-4221-1

Im Sog des Schwarzen Lochs
ISBN 978-3-7886-4222-8

Rätselhefte mit Fensterstickern:

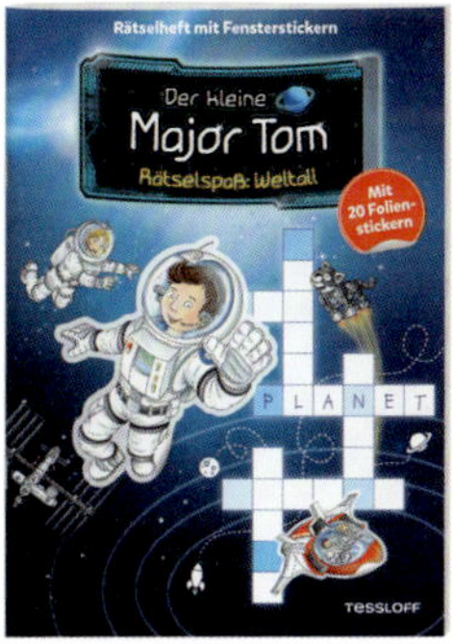

Rätselspaß: Weltall
ISBN 978-3-7886-4109-2

Rätselspaß: Blick auf die Erde
ISBN 978-3-7886-4110-8

Rätselspaß: Mond
ISBN 978-3-7886-4112-2

Rätselspaß: Planeten
ISBN 978-3-7886-4111-5

Freundealbum:

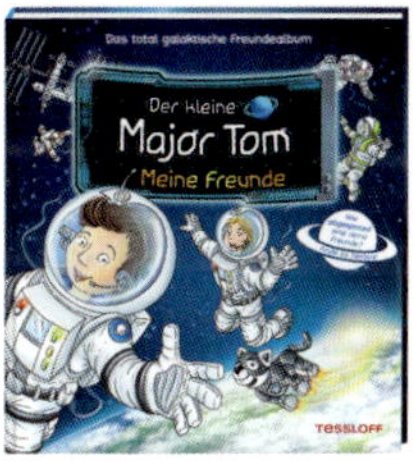

Meine Freunde
ISBN 978-3-7886-4115-3